EDICT DE CREATION DE DEVX MAISTRES DE

chacun Art & Meftier, en toutes Villes
& lieux de ce Royaume ou les Meftiers
font Iurez : En faueur du Mariage &
Entrée de la Reyne d'Angleterre.

*Verifié en Parlement à Paris les 27.
Aonft 1625. & 4. Septembre 1631.*

Sur la coppie imprimée,

A PARIS,
De l'Imprimerie de Nicolas Alexandre, ruë
de la Harpe, au Sauuage.

M. DC. XXXI.

LOVIS PAR LA GRACE
DE DIEV, ROY DE
FRANCE ET DE NA-
VARRE, A tous presens
& à venir, Salut. Vou-
lant tesmoigner le con-
tentement que nous receuons à cause du
Mariage de nostre tres-chere & tres-aymée Sœur HENRIETTE MARIE DE
FRANCE, & faire cognoistre à chacun
la bienvueillance que nous luy portons, &
le desir que nous auons de la gratifier en
toutes occasions. Sçauoir faisons, que
pour entretenir en cestuy nostre Royau
me les bonnes & anciennes coustumes, &
faire participer nos suiets de la mesme
grace & liberalité qui leur à esté cy deuãt
concedée & accordée par nos predeces-
seurs Roys, & par nous en pareils cas:
Mesme afin que le Mariage de nostredite
Sœur & ses Entrées faites ou à faire és villes de nostre Royaume, soiët decorées des

A ij

prerogatiues & solemnitez qui y appar-
tiennent. Pour ces causes & autres bonnes considerations à ce nous mouuans:
Auons par ce present nostre Edict perpe-
tuel & irreuocable, en faueur tant du
Mariage de nostre-dicte Sœur, que de
sesdites Entrées, de nostre grace spe-
ciale, pleine puissance & auctorité Royale, creé, erigé, & estably: creons, eri-
geons, & establissons, deux Maistres Iurez de toutes sortes & qualitez d'Arts &
Mestiers en chacune des Villes & lieux
de nostre Royaume, pays, terres & Seigneuries de nostre obeyssance, ou les
Mestiers sont Iurez, pour en estre par
nous pourueuz de telles personnes que
bon nous semblera, Lesquels seront tenus prendre lettres de prouision, signées
& expediées de l'vn de nos Amez &
Feaux Conseillers & Secretaires, & seel-
lées de nostre seel. Et esquelles Maistrises
les pourueus, en vertu desdites lettres,
feront receus, installez, & mis en posses-
sion reelle & actuelle d'icelles, par nos
Baillifs, Seneschaux, & autres Iuges, aus-
quels elles seront addressantes, pour les
tenir & exercer par lesdits pourueus,

auec tous tels & femblables droicts, fran-
chifes, libertez & priuileges, dont jouyf-
fent les autres anciens Maiftres Iurez d'i-
celles Maiftrifes, fans qu'ils foient tenus
faire aucun chef-d'œuure, efpreuue, experience, examen, payer banquets, droits
de confrairie, & de boüettes, ny eftre con-
trainct au payement d'aucunes chofes
que les Iurez de chacun Meftier ont ac-
couftumé de prendre & faire payer à ceux
qui fe veulent faire paffer Maiftres, dont
nous les auons exceptez, difpenfez, & re-
feruez, exceptõs, difpenfons & referuons.
Faifant au furplus tres-expreffes inhibi-
tions & deffences à tous nofdits Baillifs,
Senefchaux & autres Iuges, mefmes aux
Subftituts de nos Procureurs Generaux,
& aufdits Maiftres Iurez, de ne receuoir
ny admettre aucuns compagnons, Maiftres par chef d'œuure, ny autrement, que
premierement lefdites lettres n'ayent efté
remplie, & les pourueuz d'icelles mis en
poffeffion, fur peine de nullité defdites re-
ceptions, & d'eftre procedé contre ceux
qui y contreuiédront, comme infracteurs
de nos Ordonnances. Permettant aufdits
pourueus defdites lettres, mettres fus, e-

ſtaux & ouuroirs ſur ruë, en tel lieu & en-
droict que bon leur ſemblera, garnis d'ou-
tils, vſtanciles & autres choſes neceſſaires
pour l'exercice & vſage deſdits Meſtiers,
comme les autres Maiſtres qui ont eſté
receus par chef d'œuure. Voulons en ou-
tre qu'ils ſoient appellez en toutes viſita-
tions & aſſemblées, ainſi que leſdits autres
Maiſtres receus par chef d'œuure : Et
joüyſſent enſemble leurs veufues & enfans de meſme priuileges, franchiſes & libertez, dont ioüyſſent & ont accouſtumé
de ioüyr leſdits anciens Maiſtres receus
par chef d'œuure, ſans en ce leur eſtre fait,
mis, ou donné, ny à leurs vefues & enfans,
apres leur deceds, aucun trouble ou em-
peſchement au contraire, nonobſtant les
ſtatuts & reglemens faits, ou à faire ſur la
police deſdits Meſtiers ou autrement, &
les deffences de receuoir aucun ſans auoir
fait apprẽtiſſage, chef d'œuure, eſpreuue,
experience, & eſtre trouué ſuffiſans par
l'examen qui en aura eſté fait par leſdits
Iurez deſdits Meſtiers ou autrement Et
que par l'Ordonnance des Eſtats d'Or-
leans, & ceux tenus en noſtre bonne ville
de Paris, il ſoit fait mention de ſemblables

creations, & quelconques Ordonnances,
restrinctions, Arrests, defenses, & autres
choses à ce contraires aufquelles pour les
confiderations cy deffus, & en faueur du
Mariage de noftredite Sœur HENRIETTE
MARIE, Nous auons pour ce regard de-
rogé & derogeons, & aux derogatoires
des derogatoires d'icelles, de noftre pleine puiffance & auctorité Royale, fans y
preiudicier en autres chofes : Nonobftant
auffi quelsconques differends, procés, oppofitions, ou appellations, & fans preiudi-
ce d'icelles, ne voulons la reception & in-
ftallation des pourueus efdites Maiftrifes,
eftre pour ce differée, fufpenduë, ny re-
tardée. Enioignons à nos Procureurs Generaux, ou leurs Subftituts, requerir &
pourfuiure la publication des prefentes,
& la reception & inftitution des pourueus efdites Maiftrifes, fuiuant noftre intention & volonté, pour obuier à toutes
longueurs, difficultez & empefchemens
qui leurs pourroiët eftre donnez : Méfme
de pourfuiure les Iurez qui s'oppoferont,
& empefcheront l'execution du prefent
Edict, ou s'efforceront à vouloir faire faire feftins, experience, ou chef d'œuure

aux pourueus defdites lettres, le payemēt des amendes qu'ils doiuent encourir, lefquelles nous entendons eftre contre lefdits contreuenans leuées fans aucun déport. SI Donnons en mandement à nos Amez & Feaux Confeillers les gens tenans nos Cours de Parlemens, Baillifs, Senefchaux, Preuofts, Iuges, Chaftellains, Viguiers, Maires, Efcheuins & Confuls efdites Villes, & à tous autres nos Iufticiers & Officiers, chacun en droict foy, fi comme à luy appartiendra, tres expreffément enjoignons que noftre dit prefent Edict ils ayent à faire lire, publier, & enregiftrer és regiftres de leurs Cours & Iurifdictions, entretiennent, gardent & obferuent, facent entretenir, garder & obferuer inuioblement fans l'enfraindre & de tout le cōtenu en iceluy, ils facent, fouffrent, & laiffent joüyr ceux qui feront pourueus defdites lettres de Maiftrifes, pleinement & paifiblement, fans aucun contredit ou empefchement: contraignant à ce faire, fouffrir, & obeyr tous ceux qu'il appartiendra, & que pour ce feront à contraindre par toutes voyes deuës & raifonnables, nonobftant oppofitions ou appellations

quelsconques : Car tel est nostre plaisir.
Et pource que de ces presentes on pourra
auoir affaire en plusieurs & diuers lieux :
Nous voulons qu'au vidimus d'icelles, fait
soubs seel Royal, ou deuëment collation-
nées par l'vn de nos Amez & Feaux Conseillers & Secretaires, foy soit adjoustée
comme au present original Auquel afin
que ce soit chose ferme & stable à tous-
iours, Nous auons fait mettre & apposer
nostre seel, sauf en autres choses nostre
droit & l'autruy en toutes Donné á Paris
au mois de Decembre, l'an de grace .1624.
Et de nostre Regne le 15. Ainsi Signé
LOVIS : Et sur le reply, Par le Roy,
de Lomenie : Et à costé est escrit, Visa,
Et scellé du grand seau de cire verte, en
lacqs de soye rouge & verte. Et encore
sur ledit reply est escrit.

Registrées, Ouy le Procureur General du Roy, pour
estre executées selon leur forme & teneur; & neantmoins
qu'il ne pourra en vertu desdites Lettres estre pouruu que
vn Maistre de chacun Art & Mestier, és V lesdits lieux
où il y á Maistrises iurées & non ailleurs. [les Apothi-
caires, Chirurgiens, Orpheures, Maistres de la Monnoye,
Escriuains Iurez, Maistres de la Marchandise de Sellerie-
teries, & Bonnetteries de ceste Ville de Paris, seulement

exceptez.] A Paris, en Parlement, le 27. Aoust, 1625.

Signé,　　　　DV TILLET.

Regiſtées, Ouy ſur ce le Procureur General du Roy, pour eſtre executé pour la Creation d'vn Maiſtre Tireur & Batteur d'Or & d'Argent en chacune des Villes de ce Royaume, où Il y a à preſent la bande deſdits Meſtiers, ſuiuant l'Arreſt du iour d'huy, à Paris, en la Chambre des Monnoyes, le dernier iour de Decembre, 1625.

Signé,　　　　DE LAISTRE.

Regiſtrées de nouuel, Ouy le Procureur General du Roy pour eſtre executée ſelon leur forme & teneur, aux charges contenuës en l'Arreſt de ce iourd huy, à Paris, en Parlement, le 4. de Septembre, 1631.

Signé,　　　　DV TILLET,

LETTRES DE IVSSION

en consequence desquelles ledit Edict à esté verifié purement & simplement par ledit Arrest dudit Parlement dudit 4. Septembre 1631. pour deux Maistres de chacun Art & Mestier.

LOVIS par la grace de Dieu Roy de France & de Nauarre: A noz amez & Feaux Conseillers les gens tenans nostre Cour de Parlemét à Paris, Salut. Par nostre Edict du mois de Decébre mil six cens vingt-quatre, en faueur du joyeux Mariage de nostre tres-chere & tres-aymée sœur la Reyne d'Angleterre, & de ses Entrées faictes ou à faire és Villes de nostre Royaume, que pour plusieurs autres loüables considerations, Nous aurions en ensuiuant nos Priuileges Royaux, bonnes & anciennes coustumes, creé, erigé,

& eſtably deux Maiſtres de toutes ſortes
& qualitez d'Arts & Meſtiers en chacune
des Villes de noſtre Royaume, pays, terres
& ſeigneuries de noſtre obeïſſance, où les
Meſtiers ſont jurez, pour en eſtre par nous
pourueuz de telles perſonnes que bon
nous ſemblera, ſelon & ainſi qu'il eſt contenu audit Edict, lequel vous ayant eſté
preſenté pour le verifier, auriez ordonné
par voſtre Arreſt du 17. Aouſt dernier,
qu'il ſeroit regiſtré pour eſtre executé ſelon ſa forme & teneur: Et neantmoins
qu'il ne pourra eſtre en vertu d'iceluy
pourueu qu'vn Maiſtre de chacun deſdits Arts & Meſtiers, qui ſeroit contre noſtre vouloir & intention diminuer de moi-
tié nos droicts & priuileges Royaux, &
priuer le public du ſecours & faueur qu'ils
en pouuoient eſperer. A CES CAVSES,
de l'aduis de noſtre Conſeil, auquel auons
derechef fait voir ledit Edict, auec voſtre
Arreſt cy attaché ſoubs le contre-ſcel de
noſtre Chancellerie, Vous mandons, or-
donnons, & par ces preſentes ſignées de
noſtre main, tres expreſſément enjoignons, que ſans vous arreſter à voſtredit
Arreſt, cauſes motifiées d'iceluy, & toute

autre difficulté ceſſant: Vous ayez à pro-
ceder à la verification purement & ſim-
plement de noſtredit Edict, ſelon ſa forme
& teneur, ſans aucun refus ne longueur,
pour en vertu d'iceluy eſtre par Nous
pourueu deux Maiſtres de chacun deſdits
Arts & Meſtiers, par toutes les Villes &
autres lieux de noſtre Royaume, pays,
terres & Seigneuries de noſtre obeiſſance
où il y a Maiſtres Iurez, conformément
audit Edict, & ne nous donner occaſion
de vous en faire expedier autre plus ex-
pres mandement que ceſdites preſentes,
que vous prendrez pour la ſeconde, tierce,
finale, & toutes Iuſſions, nonobſtant les
modifications portées par voſtredict Arreſt, que nous auons leuées & oſtées, le-
uons & oſtons par cedites preſentes: Re-
monſtrances faictes ou à faire, que nous
tenons pour bien oüyes & entenduës, &
quelsconques Edicts, Ordonnances,
Mandemens, Defenſes, Loix, Statuts de
Meſtiers, Priuileges des payes, & Lettres à
ce contraires, auſquelles nous auons de-
rogé & dérogeons par ceſdites preſentes:
Car tel eſt noſtre plaiſir. Donné à Paris,
le dix-ſeptieſme iour de Ianuier, l'an de

grace mil six cens vingt-six. Et de noſtre
Regne le ſeizieſme. Signé LOVIS.
Et plus bas, Par le Roy, PHILEPEAVX.
Et ſcellé de cire jaune. Et ſur le reply eſt
eſcrit.

*Regiſtrées, Ouy le Procureur General
du Roy, à Paris en Parlement, le 4. iour
de Septembre mil six cens trente vn.*

Signé,   DV TILLET.

*Collationné aux Originaux par
moy Conſeiller Secretaire du
Roy, & de ſes Finances.*

L'An mil six cens trente
iour de   A la requeste de
Me. Gilbert Cottanceau, ayant le droict de la di-
ſtribution d'vne Lettre de Maiſtriſes de chacun
Meſtiers Iurez és Villes & Generalitez de Cham-
pagne, Picardie, Soiſſons, & de la Ville de Ne-
uers, pour ſeconde, en faueur du Mariage & entrée de la Royne d'Angleterre, dont coppie eſt
cy-deſſus tranſcrite. A eſté par moy Sergent
Royal ſoubsſigné, ſignifié & deuëment faict à
ſçauoir aux Maiſtres Iurez & Gardes du meſtier
pour la Communauté de

parlant à
A ce qu'ils n'en pretendent cauſe d'ignorance, &
n'ayent à contreuenir au contenu cy deſſus. Et ſe
diſtribuent les preſentes Lettres par